Kirstin Gramowski

Mit dem Fahrrad sicher unterwegs

Schritt für Schritt zum Verkehrsprofi in der 3. und 4. Klasse

Dieses Heft gehört

____

Klasse ________

Hase und Igel®
Schülerheft

Hallo, liebes Schulkind,

wir sind Mila und Mio. Als Fußgänger im Straßenverkehr bist du sicher schon fit. Jetzt wird aus dir ein Radfahrprofi. Los geht's!

Du kannst bereits Fahrrad fahren? Prima! Es macht Spaß, ist umweltfreundlich und du kommst flott voran. Als Radfahrer musst du die Regeln, die im Straßenverkehr gelten, aber genau kennen, um dich und andere Verkehrsteilnehmer vor Unfällen zu schützen. Und du musst dein Rad in jeder Situation im Griff haben.

In diesem Heft erfährst du unter anderem: Was gehört zu einem verkehrssicheren Fahrrad? Wer fährt wo? Und vor allem: Wer fährt zuerst? Wie funktioniert das Abbiegen und was bedeuten all die Schilder und Zeichen?

Diese und weitere wichtige Fragen rund um Fahrrad und Verkehr kannst du zusammen mit uns erkunden. Wir geben dir hilfreiche Tipps.

Auf manchen Seiten findest du eine Lupe mit einem Suchauftrag. Diesen erledigst du in der Heftmitte auf dem Suchbild (Seite 16/17). So entsteht nach und nach ein fertiges Bild mit vielen besonderen Verkehrssituationen.

Für die Erledigung der Aufgaben brauchst du einen Bleistift, Buntstifte und den Stickerbogen aus diesem Heft, denn es gibt viel zu tun: ankreuzen, aufschreiben, malen und aufkleben. Als Hilfe findest du bei den Stickern die entsprechende Seitenzahl. Mit dem Lösungsblatt kannst du deine Ergebnisse kontrollieren.

Am Ende bist du dann fit für die Radfahrprüfung!

Viel Spaß beim Lernen und gute Fahrt wünschen dir

Mila und Mio

MIX Papier FSC® C130643

klimaneutral gedruckt www.klima-druck.de ID-Nr. 22125753 bvdm.

www.hase-und-igel.de
Lektorat: Sandra Hummel-Kuhn
Illustrationen: Katrin Kerbusch
Verkehrsschilder: © Shutterstock/stockphoto-graf
Druck: Joh. Walch GmbH & Co. KG, Augsburg

ISBN 978-3-86760-285-3
3. Auflage 2024

Inhalt

Setze jeweils einen Haken,
wenn du mit den Seiten
fertig bist.

So ein Verkehr!

1. Vervollständige die Mindmap: Fülle die Schreiblinien. Male, schreibe und klebe vom Stickerbogen weitere Fortbewegungsmittel in die weißen Felder.

2. Welche Fortbewegungsmittel werden mithilfe von Muskelkraft angetrieben? Kreise sie rot ein.

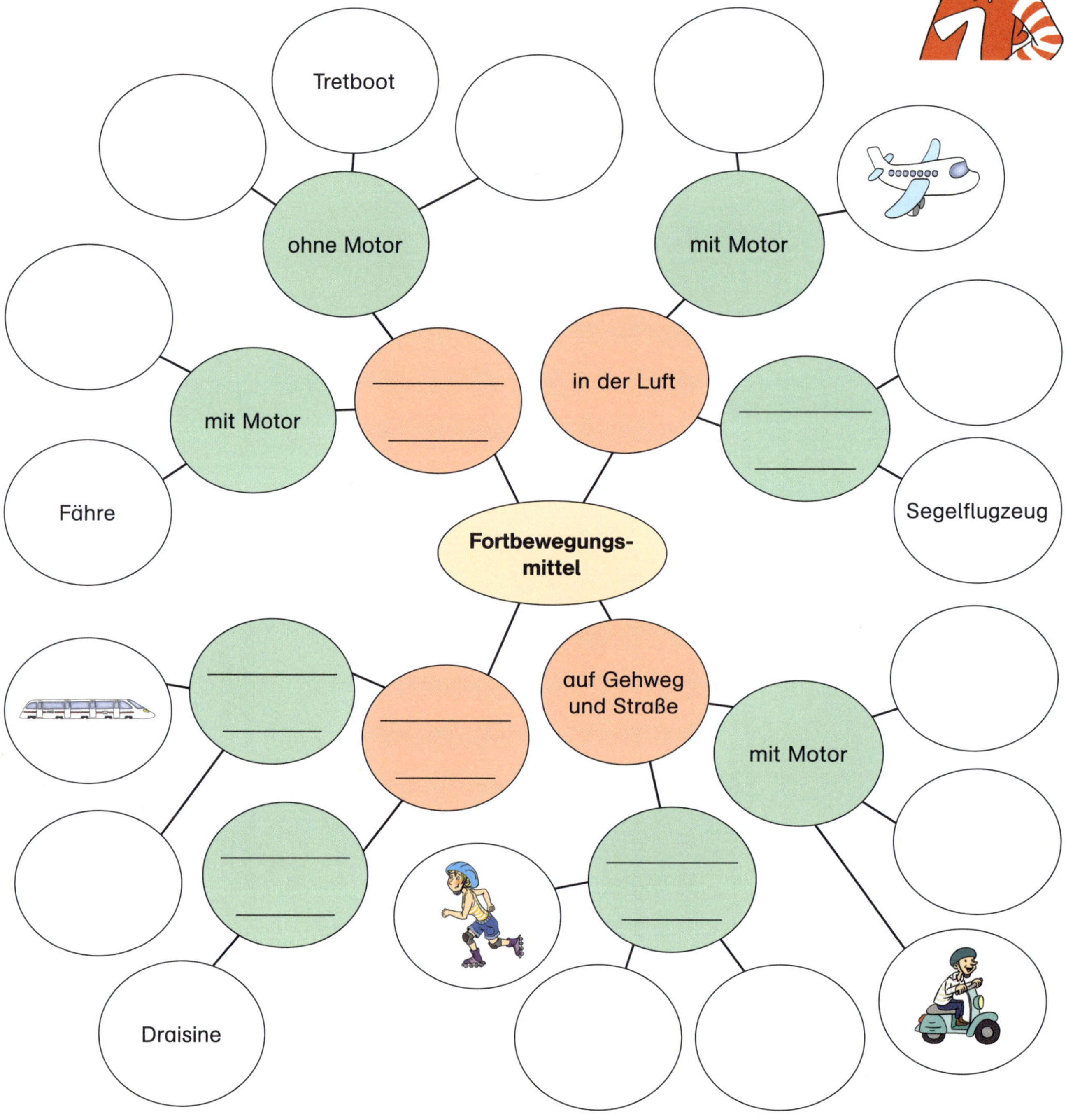

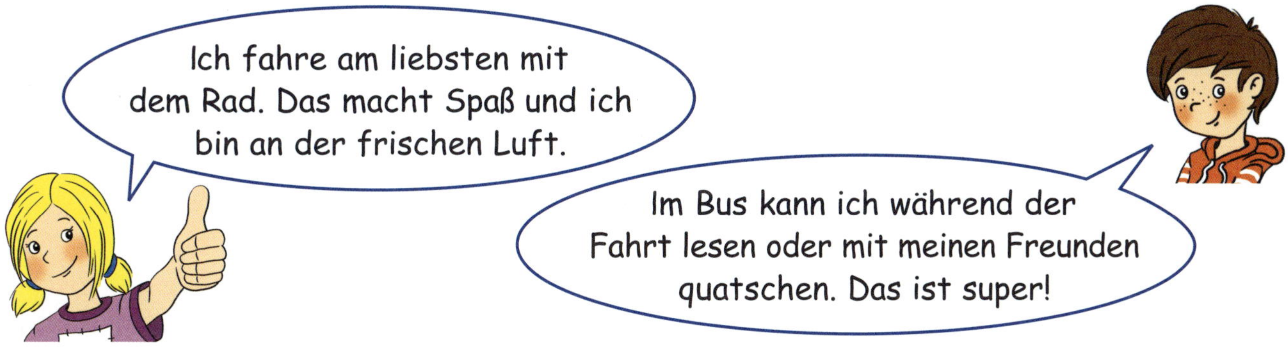

3. Jede Fortbewegungsart hat Vorteile. Kreuze an.

an keine Zeiten gebunden	☐	☐	☐	☐
keine Kosten	☐	☐	☐	☐
keine Parkprobleme	☐	☐	☐	☐
hält dich fit	☐	☐	☐	☐
bequem bei schlechtem Wetter	☐	☐	☐	☐
keine Abgase	☐	☐	☐	☐

4. Was kann jeder tun, damit weniger Autos auf den Straßen unterwegs sind? Ergänze die fehlenden Begriffe.

Fahrgemeinschaften | Freunden | Rad | Bahn

Kurze Strecken lassen sich zu Fuß, mit dem ______ oder dem Roller zurücklegen. Bei längeren Strecken kannst du mit dem Bus oder der __________ fahren. Manchmal muss man das Auto benutzen. Vielleicht darfst du bei __________________ mitfahren? Bildet ________________________________!

Suche das Fortbewegungsmittel, das auf Bestellung bis zu vier Fahrgäste transportieren kann. Male sein Schild an.

Rund ums Rad

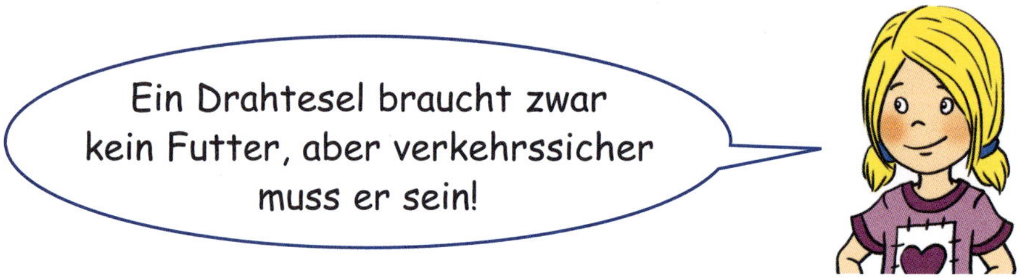

1. Kennst du die Teile eines Fahrrads? Trage die Nummern passend in die Kreise vor den Begriffen ein.

(3) Klingel ☐

( ) Pedal ☐

( ) oranger Pedalreflektor ☐

( ) Bremse ☐

( ) oranger Speichenreflektor ☐

( ) weißer Scheinwerfer ☐

( ) weißer Reflektor ☐

( ) Sattel ☐

( ) Rahmen ☐

( ) rotes Rücklicht ☐

( ) roter Reflektor ☐

( ) Felge ☐

( ) Kette mit Kettenschutz ☐

( ) Schutzblech vorn ☐

( ) Schutzblech hinten ☐

( ) Reifen ☐

( ) Ventil ☐

2. Wofür sind die einzelnen Teile wichtig? Male die nummerierten Kreise in der Abbildung und die entsprechenden Begriffe darunter farbig an.

Sehen und gesehen werden:

Schnell anhalten:

Andere warnen:

Die farbig markierten Teile machen dein Rad verkehrssicher. Sie sind Pflicht!

3. Welche Ausstattung hat dein eigenes Fahrrad? Kontrolliere und hake auf Seite 6 in den Kästchen ab.

4. Lies den Text und fülle die Lücken.

Reflektoren | hinten | orange | vorn

weiß | Sichtbarkeit | Radfahrer | immer

Die _______________ aller Verkehrsteilnehmer ist besonders in der Dunkelheit wichtig. Damit du als _______________ auch gesehen wirst, wenn dein Licht plötzlich ausfällt, brauchst du _______________ . Nach __________ leuchten sie rot und nach _______ weiß. Die Pedalreflektoren und Katzenaugen strahlen __________ , Speichenreflektoren können auch _______ sein. Übrigens: Deine Beleuchtung muss _________ funktionieren, auch wenn du tagsüber unterwegs bist.

Suche Freds Fahrradladen. Male die Leuchtreklame an seinem Geschäft gelb an.

Ein Reflektor wirft Licht, das auf ihn fällt, wieder zurück. Im Dunkeln scheint es deshalb, als ob er leuchtet.

Fahr Rad, aber sicher!

Zum sicheren Radfahren gehört ein Helm. Mit heller Kleidung und Reflektoren sieht man dich außerdem besser.

1. Mio weiß Bescheid. Male grün an, was noch zu deiner Sicherheit auf dem Fahrrad beiträgt.

- Stelle den Lenker sehr tief ein, damit du wie ein Rennfahrer fahren kannst.
- Es macht nichts, wenn der Helm etwas zu groß ist.
- Man kann dich besser sehen, wenn dein Helm eine auffällige Farbe und eine Lampe am Hinterkopf hat.
- Für kurze Strecken musst du den Helm nicht aufsetzen.
- Deine Einkaufstasche kannst du bequem an den Lenker hängen.
- Fahre mit einem möglichst großen Fahrrad, denn dann bist du schneller.
- Verkehrsschilder gelten nur für Autofahrer.
- Deine Ohren müssen frei bleiben, damit du im Straßenverkehr gut hören kannst.
- Bis du zehn Jahre alt bist, musst du mit beiden Zehenspitzen den Boden berühren können, wenn du auf dem Sattel sitzt.
- Die Riemen deines Helmes müssen richtig eingestellt sein.
- Der Helm muss cool aussehen.
- Als Radfahrer entscheidest du selbst, ob du auf der Straße oder dem Gehweg fahren möchtest.
- Wenn du eine Leuchtweste trägst, sieht man dich besonders gut.
- Der Lenker soll höher als der Sattel eingestellt sein, damit du aufrecht sitzen und dich gut umschauen kannst.
- Dein Helm muss gut sitzen und darf nicht verrutschen.
- Als Radfahrer brauchst du kein Licht, denn es gibt ja Straßenlaternen.
- Ein Kettenschutz verhindert, dass du mit der Hose in die Kette gerätst und stürzt.
- Ein blauer Helm ist besser als ein roter.
- Der Helm muss ein Prüfzeichen haben.
- Der Kinnriemen am Helm muss nicht geschlossen sein.

2. Wie gut sieht man euch bei Dunkelheit? Probiert es in der Gruppe aus.

Einer zieht sich hell und einer dunkel an. Leuchtet die beiden im abgedunkelten Raum mit der Taschenlampe an: Wen sieht man besser? Und wie ist es mit Reflektoren?

3. Lies die Satzteile. Verbinde passend.

Fahrt einzeln hintereinander, •	• bevor du die Fahrtrichtung änderst.
Fahre am rechten Fahrbahnrand, •	• dass dich deine Kleidung beim Fahren nicht behindert.
Gib deutlich Handzeichen, •	• nicht nebeneinander.
Gepäck gehört in den Rucksack oder Fahrradkorb, •	• halte jedoch ausreichend Abstand zum Bordstein.
Achte darauf, •	• nicht an den Lenker.

4. Klebe die Fahrradumrisse vom Stickerbogen als Abstandshalter auf. Vervollständige dann, was Mio sagt.

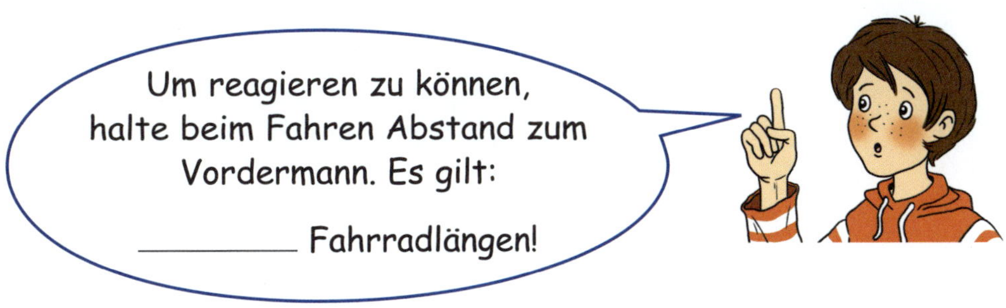

Suche die beiden Radfahrer, die nebeneinanderfahren. Male den grün an, der sich richtig verhält. Male den anderen rot an.

Zeichen regeln den Straßenverkehr

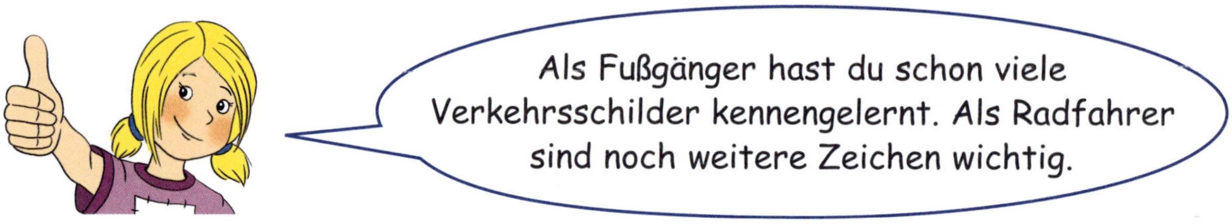

1. Was bedeuten diese Schilder? Verbinde.

Radweg mit Zusatzschild: Dieser Weg ist nur für Radfahrer. Er darf in beide Richtungen befahren werden.

Getrennter Geh- und Radweg: Der Weg ist getrennt für Fußgänger und Radfahrer. Bleibe beim Fahren auf deiner Seite des Weges.

Achtung, Kinder: Vorsicht, hier können Kinder plötzlich auf die Straße laufen! Sei bremsbereit.

Verbot für Fahrräder:
Hier dürfen keine Radfahrer fahren.

Verbot für Fahrzeuge aller Art:
Hier darf niemand fahren.

Verbot der Einfahrt: Fahrzeuge dürfen von dieser Seite nicht in die Straße fahren. Achtung, Fahrzeuge können aber aus der Straße herauskommen!

Suche den Fußgänger mit dem Fahrrad, der sich falsch verhält. Male ihn rot an.

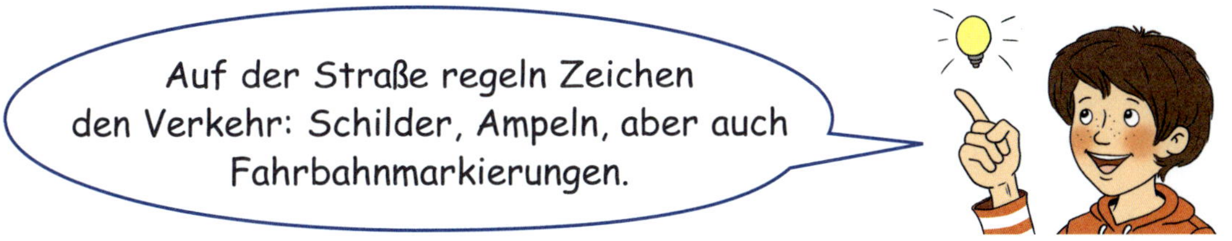

2. Ordne den Sätzen die entsprechenden Zahlen zu. Trage die fett gedruckten Wortteile unten ein.

◯ Die **durchgezogene Fahrstreifenbegrenzung** darfst du nicht überfahren. **BAHN**

◯ Gibt es **Pfeilmarkierungen**, musst du dich rechtzeitig einordnen. Du darfst dann nur in der angezeigten Richtung weiterfahren. **MAR**

◯ Am **Fußgängerüberweg** haben Fußgänger Vorrang. Als Radfahrer musst du hier rechtzeitig anhalten. **RUN**

◯ Der **Radfahrstreifen** bietet dem Radfahrer mehr Sicherheit. Autos dürfen darauf nicht fahren, halten oder parken. Sie dürfen ihn aber vorsichtig überqueren, um in eine Einfahrt einzubiegen. **GEN**

◯ Vor der **Haltelinie** musst du anhalten, einen Fuß auf die Fahrbahn stellen und die Vorfahrt beachten. **FAHR**

◯ **Sperrflächen** darfst du nicht überfahren. **KIE**

Lösung: ________ ________ ________ ________ ________ ________
1 2 3 4 5 6

Gut aufgepasst!

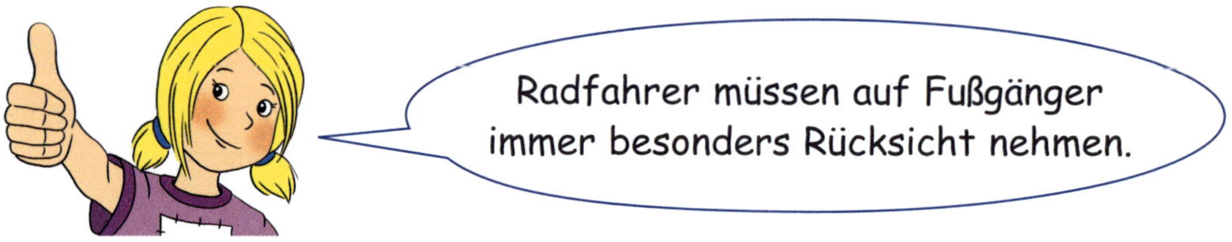

1. Klebe die richtigen Schilder vom Stickerbogen auf. Wie musst du dich verhalten? Kreuze jeweils an.

Bushaltestelle

☐ Ich fahre langsam an der Haltestelle vorbei, bin aber besonders aufmerksam und bremsbereit.

☐ Ich warne die Personen mit meiner Klingel und fahre zügig weiter.

Gemeinsamer Geh- und Radweg

☐ Wenn ich klingle, müssen die Fußgänger ausweichen.

☐ Ich muss hier besonders Rücksicht auf die Fußgänger nehmen.

Verkehrsberuhigter Bereich

☐ Ich kann hier so schnell fahren, wie ich möchte. Dabei achte ich natürlich auf kleine Kinder.

☐ Ich fahre hier nicht schneller als Schrittgeschwindigkeit und achte besonders auf Fußgänger und spielende Kinder.

Fußgängerüberweg

☐ Ich darf hier als Radfahrer zwischen den Fußgängern durchfahren.

☐ Ich muss anhalten und warten, bis die Fußgänger die Straße überquert haben.

2. Wie würdest du dich in den folgenden Situationen verhalten? Kreuze an.

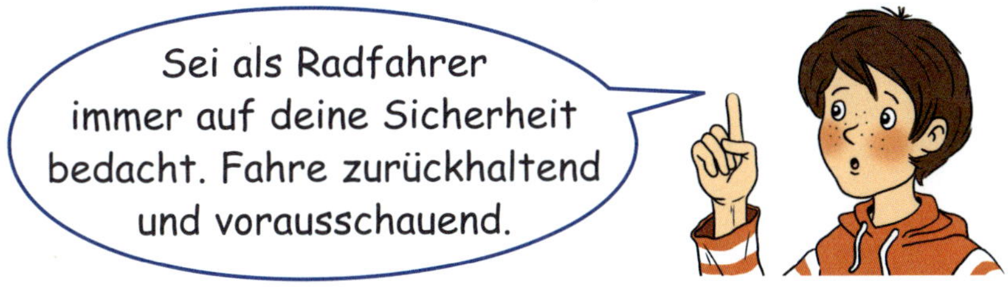

- ☐ Ich bin bremsbereit, weil Personen auf der Fahrbahn sind. Ich achte auf das Hindernis und den Gegenverkehr.
- ☐ Weil meine Spur verengt ist, muss der Gegenverkehr mich durchlassen.

- ☐ Ich fahre zügig weiter. Der Autofahrer muss aufpassen, wenn er losfahren will.
- ☐ Ich bin bremsbereit und beobachte, ob die Person im Auto mich kommen sieht.

- ☐ Ich fahre am Ende des Radwegs einfach auf die Straße. Die Autos müssen aufpassen.
- ☐ Ich schaue mich nach hinten um. Wenn nichts kommt, fahre ich am rechten Fahrbahnrand weiter.

- ☐ Ich bin bremsbereit und klingle, damit die Fußgänger mich bemerken.
- ☐ Auf dem Radweg muss ich mich nicht um Fußgänger kümmern.

Finde den Radfahrer, der sich am Zebrastreifen falsch verhält. Male ihn rot an.

Anfahren und Hindernissen ausweichen

Wenn du von der linken Seite aufsteigst, dann laufe nicht mit dem Rad auf die Straße. Setze vom Gehweg aus das Bein durch den Rahmen.

1. Wie fährt man sicher am Fahrbahnrand los? Klebe die vier Sticker passend auf.

1. Schiebe das Fahrrad über den Gehweg zur Straße. Achte dabei auf andere Verkehrsteilnehmer.

2. Warte, bis die Straße frei ist. Stelle dann das Rad in Fahrtrichtung rechts an den Bordstein. Von welcher Seite steigst du auf? Drehe zum leichteren Anfahren das entsprechende Pedal nach oben.

3. Steige von rechts auf, wenn du dich sicher dabei fühlst. Stelle ansonsten den linken Fuß auf die Straße und deinen rechten Fuß auf das Pedal. Sieh dich nach links hinten um. Gib ein Handzeichen links, wenn die Straße frei ist.

4. Fahre mit beiden Händen am Lenker los. Halte beim Fahren immer einen Sicherheitsabstand von 80 cm zum Fahrbahnrand und von mindestens einem Meter zu parkenden Autos ein.

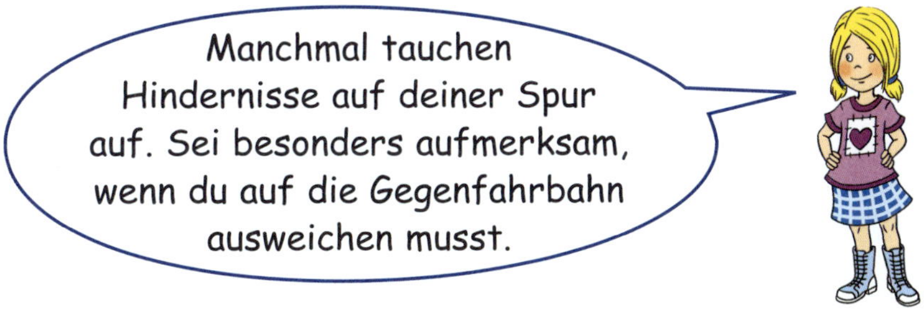

2. Fahre sicher an einem Hindernis vorbei. Klebe die Radfahrer vom Stickerbogen in der richtigen Reihenfolge auf.

6. Ich ordne mich wieder am rechten Fahrbahnrand ein.

5. Nach dem Hindernis gebe ich ein Handzeichen nach rechts.

4. Wenn die Straße frei ist, fahre ich mit einem Sicherheitsabstand von mindestens einem Meter am Hindernis vorbei.

3. Ich halte am Sichtpunkt, lasse den Gegenverkehr durch und schaue mich noch einmal um.

2. Ich gebe ein deutliches Handzeichen mit der linken Hand.

1. Ich fahre langsam an das Hindernis heran und schaue mich über die linke Schulter nach hinten um.

Suche die Baustelle. Male die dazugehörigen Verkehrszeichen an.

P
U U
U7
TAXI

Stickerbogen

Seite 4

Seite 9

Seite 12

Seite 14

Lösungen

Seiten 4 / 5

Aufgaben 1 / 2: Möglichkeiten sind:

in der Luft	mit Motor	Hubschrauber Flugzeug
	ohne Motor	Gleitschirm Segelflugzeug
auf Gehweg und Straße	mit Motor	Bus Auto Motorroller
	ohne Motor	Tretroller Skateboard Inlineskates
auf der Schiene	mit Motor	ICE Dampflok
	ohne Motor	Draisine
auf dem Wasser	mit Motor	Motorboot Fähre
	ohne Motor	Ruderboot Tretboot Segelboot

Aufgabe 3:

an keine Zeiten gebunden	x		x	x
keine Kosten				x
keine Park-probleme		x	x	x
hält dich fit			x	x
bequem bei schlechtem Wetter	x	x		
keine Abgase			x	x

Aufgabe 4: Kurze Strecken lassen sich zu Fuß, mit dem Rad oder dem Roller zurücklegen. Bei längeren Strecken kannst du mit dem Bus oder der Bahn fahren. Manchmal muss man das Auto benutzen. Vielleicht darfst du bei Freunden mitfahren? Bildet Fahrgemeinschaften!

Seiten 6 / 7

Aufgaben 1 / 2: 3 Klingel, 11 Pedal, 12 oranger Pedalreflektor, 4 Bremse, 9 oranger Speichen-reflektor, 5 weißer Scheinwerfer, 6 weißer Reflektor, 1 Sattel, 2 Rahmen, 16 rotes Rücklicht, 17 roter Reflektor, 10 Felge, 13 Kette mit Kettenschutz, 7 Schutzblech vorn, 15 Schutzblech hinten, 8 Reifen, 14 Ventil

Aufgabe 4: Die Sichtbarkeit aller Verkehrsteilnehmer ist besonders in der Dunkelheit wichtig. Damit du als Radfahrer auch gesehen wirst, wenn dein Licht plötzlich ausfällt, brauchst du Reflektoren. Nach hinten leuchten sie rot und nach vorn weiß. Die Pedalreflektoren und Katzenaugen strahlen orange, Speichenreflektoren können auch weiß sein. Übrigens: Deine Beleuchtung muss immer funktionieren, auch wenn du tagsüber unterwegs bist.

Seiten 8 / 9

Aufgabe 1:

Aufgabe 3: Fahrt einzeln hintereinander, nicht nebeneinander.
Fahre am rechten Fahrbahnrand, halte jedoch ausreichend Abstand zum Bordstein.
Gib deutlich Handzeichen, bevor du die Fahrtrichtung änderst.
Gepäck gehört in den Rucksack oder Fahrradkorb, nicht an den Lenker.
Achte darauf, dass dich deine Kleidung beim Fahren nicht behindert.

Aufgabe 4: Es gilt: drei Fahrradlängen!

Seiten 10 / 11

Aufgabe 1:

 Getrennter Geh- und Radweg

 Achtung, Kinder

 Verbot für Fahrräder

 Verbot der Einfahrt

 Radweg mit Zusatzschild

 Verbot für Fahrzeuge aller Art

Aufgabe 2:
Lösung:
FAHRBAHNMARKIERUNGEN

Seiten 12 / 13

Aufgabe 1:

Bushaltestelle: Ich fahre langsam an der Haltestelle vorbei, bin aber besonders aufmerksam und bremsbereit.

Gemeinsamer Geh- und Radweg: Ich muss hier besonders Rücksicht auf die Fußgänger nehmen.

Verkehrsberuhigter Bereich: Ich fahre hier nicht schneller als Schrittgeschwindigkeit und achte besonders auf Fußgänger und spielende Kinder.

Fußgängerüberweg: Ich muss anhalten und warten, bis die Fußgänger die Straße überquert haben.

Aufgabe 2: links oben: Ich bin bremsbereit, weil Personen auf der Fahrbahn sind. Ich achte auf das Hindernis und den Gegenverkehr.
rechts oben: Ich bin bremsbereit und beobachte, ob die Person im Auto mich kommen sieht.
links unten: Ich schaue mich nach hinten um. Wenn nichts kommt, fahre ich am rechten Fahrbahnrand weiter.
rechts unten: Ich bin bremsbereit und klingle, damit die Fußgänger mich bemerken.

Seiten 14 / 15

Aufgabe 1:

1. 

2. 

3. 

4. 

Aufgabe 2:

Seiten 18 / 19

Aufgabe 1:

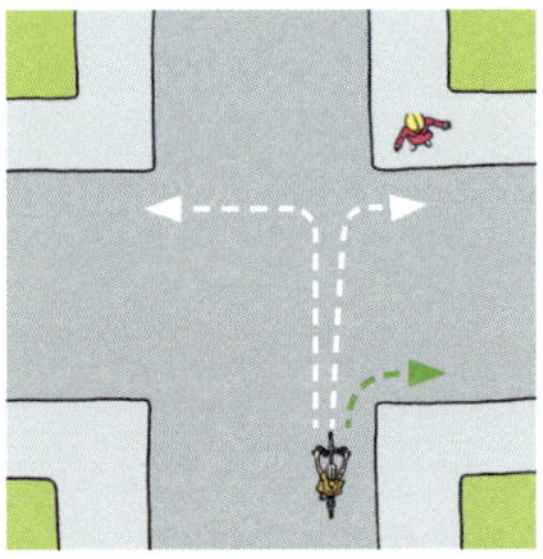

Mila fährt vorsichtig an die <u>Kreuzung</u> heran. Sie gibt rechtzeitig vor der Einmündung ein <u>Handzeichen</u> nach rechts. Mit dem Schulterblick rechts überprüft sie, ob alles frei ist. Dann biegt sie in engem Bogen nach <u>rechts</u> ab. Sie achtet dabei auf <u>Fußgänger</u>, die gerade die <u>Fahrbahn</u> überqueren.

Aufgabe 2: Mio will geradeaus weiterfahren. / Der Lkw möchte rechts abbiegen. / Mio darf zuerst fahren. / Es könnte sein, dass der Lkw-Fahrer Mio nicht sieht.

Aufgabe 3: 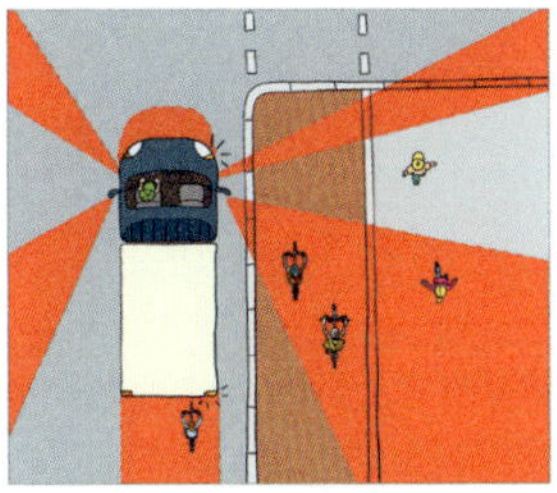

Mio befindet sich im toten Winkel. Der Lkw-Fahrer kann ihn nicht sehen.

Aufgabe 4: Ein Lkw-Fahrer kann große Bereiche der Straße und des Gehwegs nicht sehen. Sei also besonders vorsichtig! Halte dich nicht im Nahbereich eines Lastwagens auf. Das gilt auch für andere große Fahrzeuge oder Autos. Achte darauf, wohin jemand fahren möchte. Merke dir: Wenn du den Fahrer im Spiegel sehen kannst, kann er dich auch sehen. Suche den Blickkontakt mit dem Fahrer, vor allem, wenn er abbiegen will.

Seiten 20 / 21

Aufgabe 1: links: Radfahrer, rechts: gelbes Auto

Aufgabe 2: links: 1 Radfahrer unten, 2 gelbes Auto, 3 Radfahrer oben
rechts: 1 rotes Auto, 2 Radfahrer unten, 3 Radfahrer links

Aufgaben 3/4:

 Vorfahrtsstraße

 Vorfahrt gewähren

Stoppschild

 Vorfahrt

 Ende der Vorfahrtsstraße

Seiten 22 / 23

Aufgabe 1: links: Der Radfahrer hat Vorfahrt. Er ist auf der Vorfahrtsstraße.
rechts: Die beiden Autos haben Vorfahrt, weil sie auf der Vorfahrtsstraße fahren. / Der Radfahrer muss an der Haltelinie anhalten und einen Fuß auf die Fahrbahn stellen.

Aufgabe 2: links: 1 rotes Auto, 2 gelbes Auto, 3 Radfahrer
rechts: 1 gelbes Auto, 2 rotes Auto, 3 Radfahrer

Aufgabe 3: 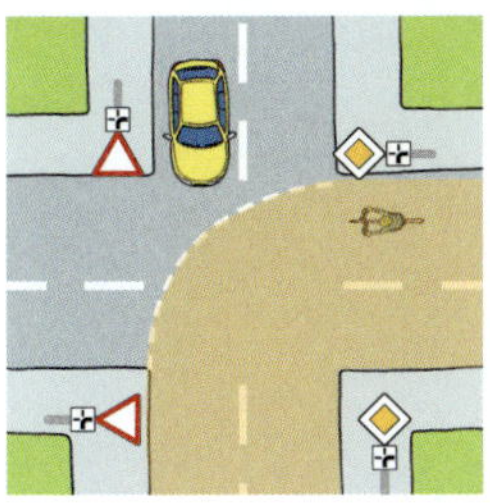

Aufgabe 4: 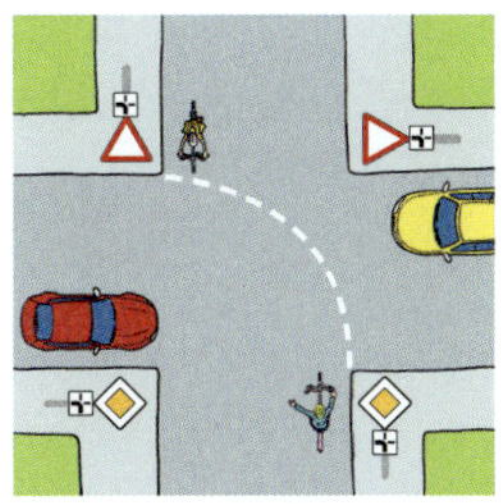

Seiten 24 / 25

Aufgaben 1/2:

rot und gelb = 

grün = 

gelb = 

rot = 

Aufgabe 3: grün: Radfahrer unten und Auto oben
rot: Radfahrer links und Auto rechts

Aufgabe 4:

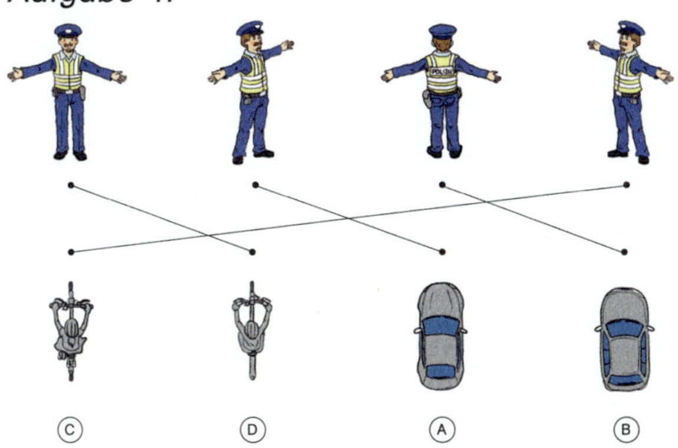

Seiten 26 / 27

Aufgabe 1:

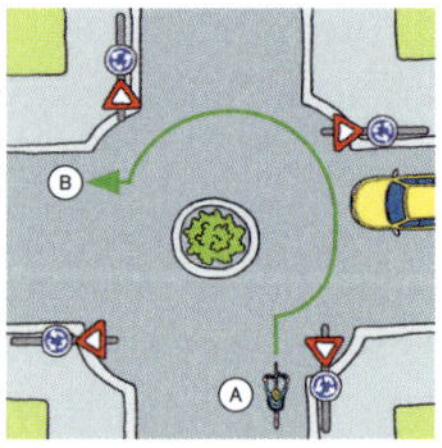

Aufgabe 4:

Aufgabe 5:

Wenn sich eine Schranke senkt, muss man davor anhalten.
Man muss hier warten, bis der Zug durchgefahren ist.
Wenn über dem Andreaskreuz eine Ampel rot aufleuchtet, muss man stehen bleiben.

Aufgabe 2: Das Auto darf zuerst fahren. Ich muss beim Verlassen des Kreisverkehrs ein Handzeichen geben.

Aufgabe 3: links: Radfahrer grün, Auto rot
rechts: gelbes Auto und Radfahrer im Kreisverkehr grün, rotes Auto und Radfahrer links rot

Seiten 28 / 29

Aufgabe 1: 1 Ich blicke mich nach links hinten um. 2 Ich gebe ein Handzeichen nach links. 3 Ich ordne mich zur Fahrbahnmitte ein. 4 Ich lasse den Gegenverkehr vorbei. 5 Ich sehe mich noch einmal nach links hinten um. 6 Ich biege in großem Bogen links ab. 7 Ich achte auf Fußgänger. 8 Ich fahre am rechten Fahrbahnrand weiter.

Aufgabe 2:

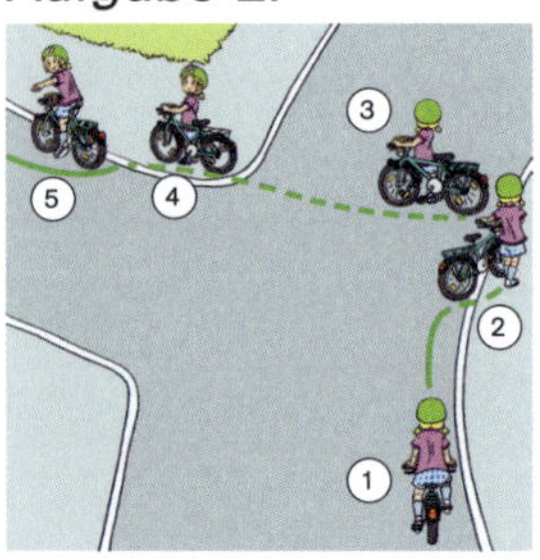

Die Sätze werden von oben nach unten so nummeriert: 4 – 5 – 2 – 3 – 1.

Aufgabe 3:

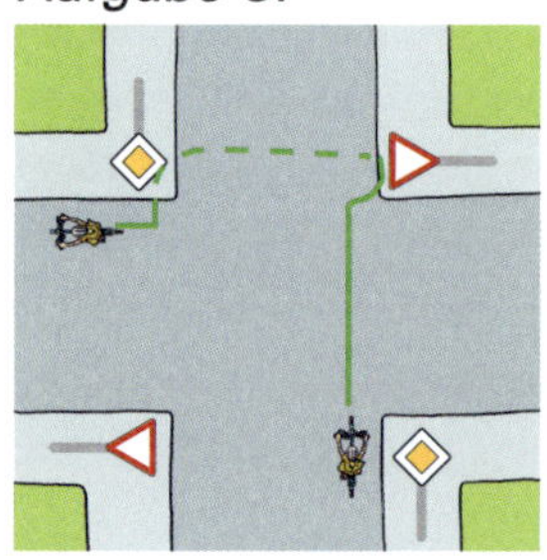

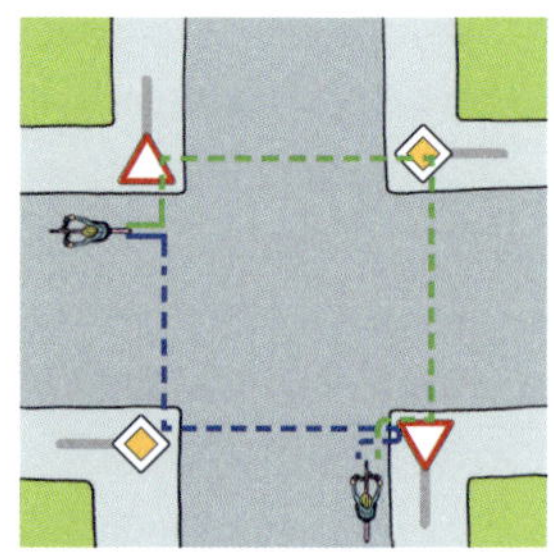

Hier gibt es zwei Möglichkeiten.

Seiten 30 / 31

Aufgabe 1:

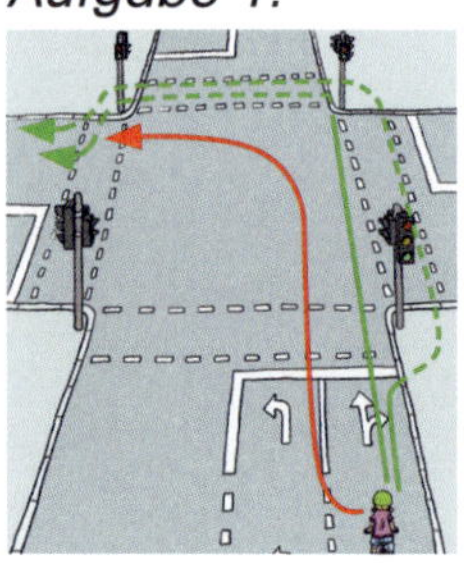

Aufgabe 2:
1. Achte auf den Verkehr hinter dir! 2. Achte auf den Gegenverkehr! 3. Achte darauf, die richtige Spur zu halten! 4. Achte auf querende Fußgänger!

Aufgabe 3:

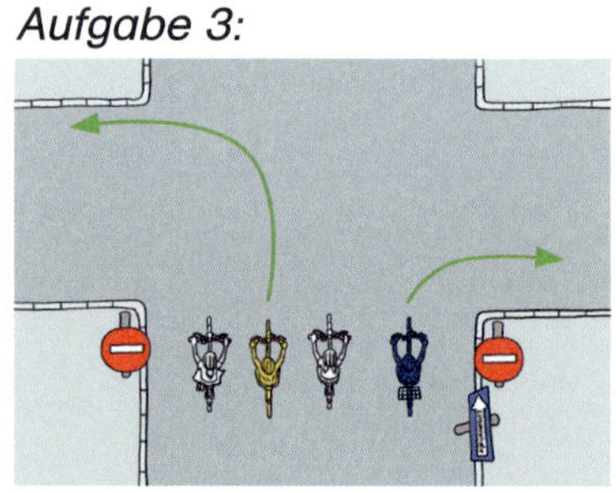

Hier gibt es eine Sonderregelung für Radfahrer. / Der Radfahrer darf in die Einbahnstraße fahren. / Das Auto darf nicht in diese Richtung fahren.

Seite 32

Seite 15

Seite 23

Seite 24

Seite 27

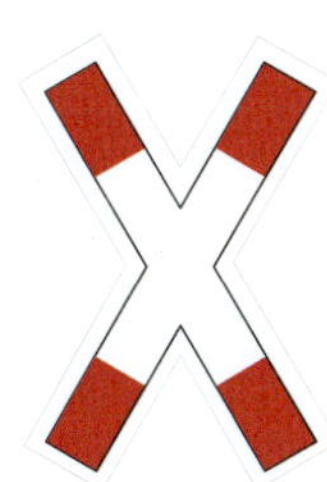

Seite 31

Fahrradladen
KiTA
Bäcker
Bäckerei

Rechts abbiegen – du und andere

1. Mila möchte rechts abbiegen. Spure den richtigen Weg farbig nach. Setze dann die Begriffe passend in den Text ein.

Fahrbahn | rechts | Fußgänger | Kreuzung | Handzeichen

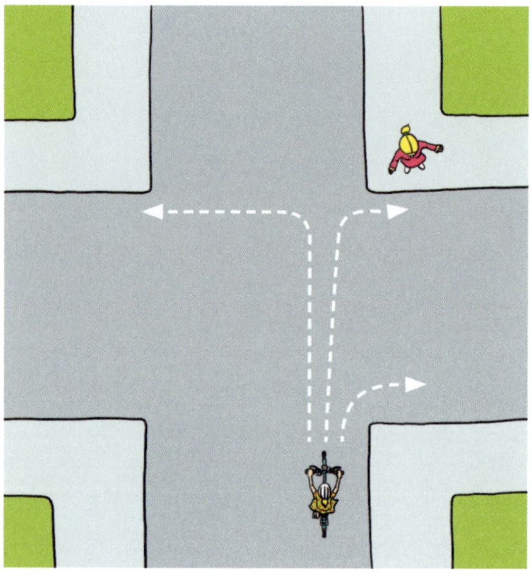

Mila fährt vorsichtig an die ________________ heran. Sie gibt rechtzeitig vor der Einmündung ein ____________________ nach rechts. Mit dem Schulterblick rechts überprüft sie, ob alles frei ist. Dann biegt sie in engem Bogen nach _________ ab. Sie achtet dabei auf ____________________ , die gerade die ________________ überqueren.

2. Mio ist unterwegs. Kreuze die richtigen Aussagen an.

- ☐ Mio will geradeaus weiterfahren.
- ☐ Der Lkw möchte rechts abbiegen.
- ☐ Der Lkw darf zuerst fahren.
- ☐ Mio darf zuerst fahren.
- ☐ Es könnte sein, dass der Lkw-Fahrer Mio nicht sieht.

3. Manche Bereiche kann ein Fahrer trotz Fenster und Spiegel nicht sehen: die „toten Winkel". Male sie rot an. Ergänze die Sätze.

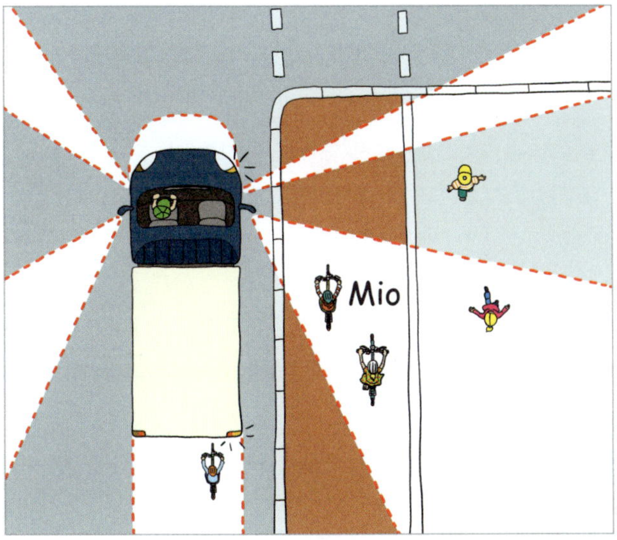

Mio befindet sich im **toten Winkel**

______________________________ .

Der Lkw-Fahrer kann ihn **nicht sehen**

______________________________ .

4. Auch der Bereich direkt rund ums Fahrerhaus ist für Fußgänger und Radfahrer gefährlich. Vervollständige den Text.

vorsichtig | große | Spiegel | nicht

abbiegen | wohin | Nahbereich | Blickkontakt

Ein Lkw-Fahrer kann __________ Bereiche der Straße und des Gehwegs __________ sehen. Sei also besonders ______________ ! Halte dich nicht im __________________ eines Lastwagens auf. Das gilt auch für andere große Fahrzeuge oder Autos. Achte darauf, ____________ jemand fahren möchte. Merke dir: Wenn du den Fahrer im __________________ sehen kannst, kann er dich auch sehen. Suche den ____________________ mit dem Fahrer, vor allem, wenn er __________________ will.

Suche den Lkw, der rechts abbiegen will. Auf wen muss er ganz besonders achtgeben? Male orange an.

Die Vorfahrt ist geregelt

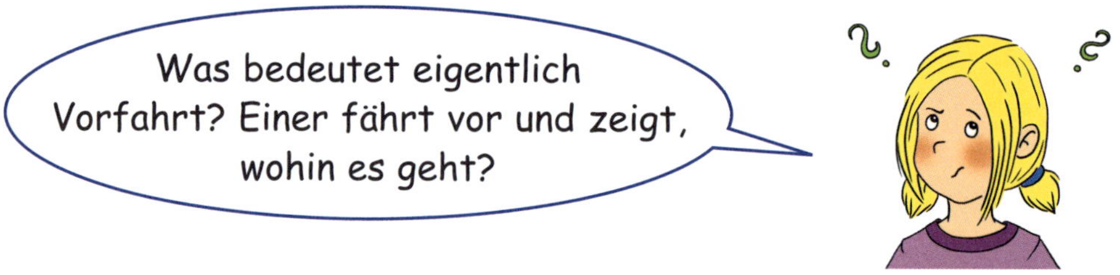

Erreichen mehrere Verkehrsteilnehmer gleichzeitig eine Kreuzung, ist geregelt, wer zuerst fahren darf. Gibt es keine Ampeln oder Verkehrsschilder, gilt immer die Regel „rechts vor links“. Das heißt: Wer von rechts kommt, hat Vorfahrt und darf zuerst fahren.

1. Wer hat hier Vorfahrt? Kreuze an.

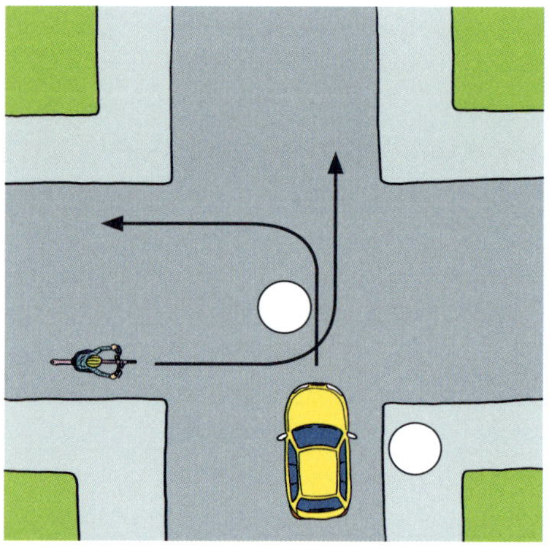

2. Auch hier gilt rechts vor links. Nummeriere, wer jeweils als Erster, Zweiter und Dritter fahren darf.

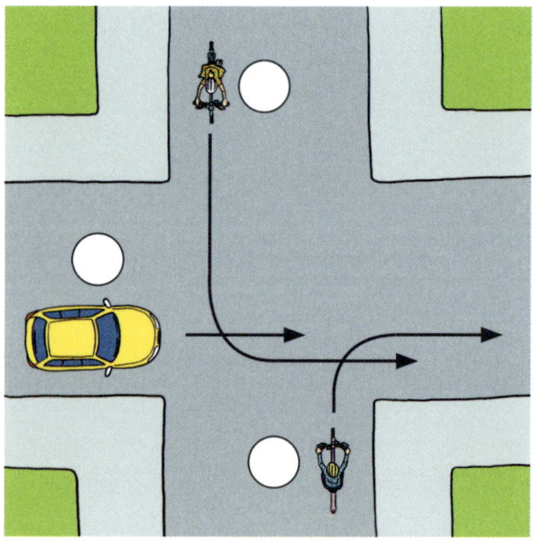

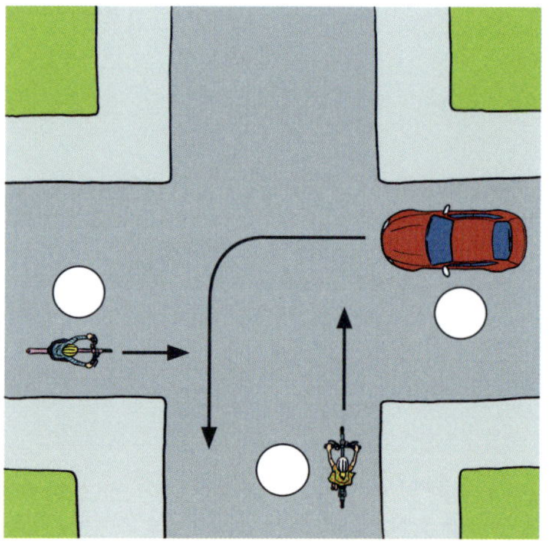

Stehen an einer Kreuzung Verkehrsschilder, die die Vorfahrt regeln, musst du dich an sie halten!

3. Kennst du die Bedeutung der Schilder? Verbinde mit dem richtigen Text.

Vorfahrt: Die Vorfahrt gilt nur für die nächste Kreuzung oder Einmündung. Beachte, was an der darauffolgenden Kreuzung gilt. •

• Vorfahrtsstraße: Du hast auf dieser Straße Vorfahrt, bis ein anderes Verkehrszeichen diese aufhebt. Der querende Verkehr muss warten und dir Vorrang gewähren.

Ende der Vorfahrtsstraße: Achte an der nächsten Kreuzung auf die geltende Vorfahrtsregelung. •

• Vorfahrt gewähren: Hier musst du warten, bis kein Verkehrsteilnehmer mehr von links oder rechts kommt. Fahre erst weiter, wenn alles frei ist.

Stoppschild: Halt! Vorfahrt gewähren! Halte immer an der Haltelinie an und stelle einen Fuß auf die Fahrbahn. Fahre erst weiter, wenn alles frei ist. •

4. Bei welchen Schildern oben hast du Vorfahrt? Male die Texte grün an.

Suche das Stoppschild und male es an.

Wer darf fahren?

1. Wer hat hier Vorfahrt? Kreuze die richtigen Aussagen an.

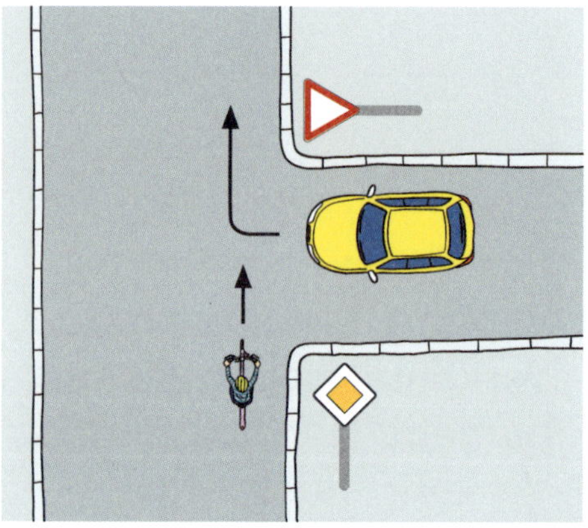

- [ ] Der Autofahrer hat Vorfahrt, weil er von rechts kommt.
- [ ] Der Radfahrer hat Vorfahrt. Er ist auf der Vorfahrtsstraße.
- [ ] Das Auto darf zuerst fahren. Es hat Vorrang vor dem Fahrrad.

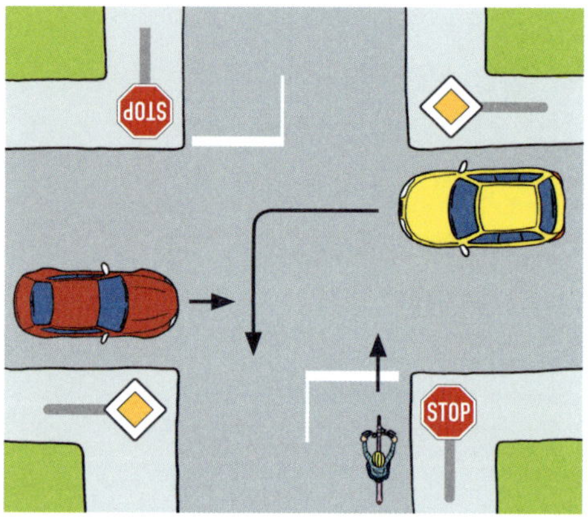

- [ ] Die beiden Autos haben Vorfahrt, weil sie auf der Vorfahrtsstraße fahren.
- [ ] Der Radfahrer muss an der Haltelinie anhalten und einen Fuß auf die Fahrbahn stellen.

2. Wer darf fahren? Trage die Reihenfolge von 1 bis 3 ein.

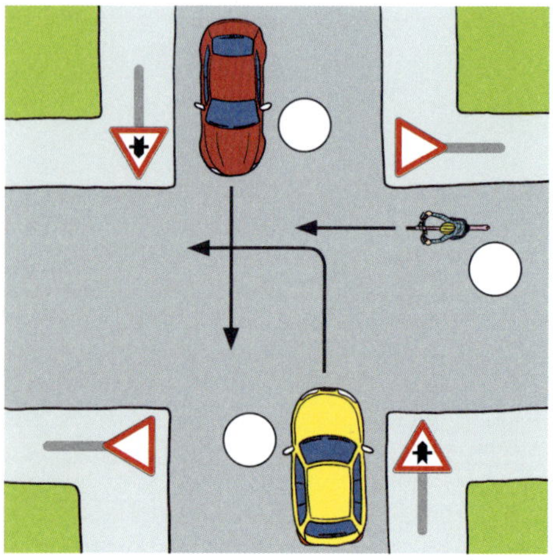

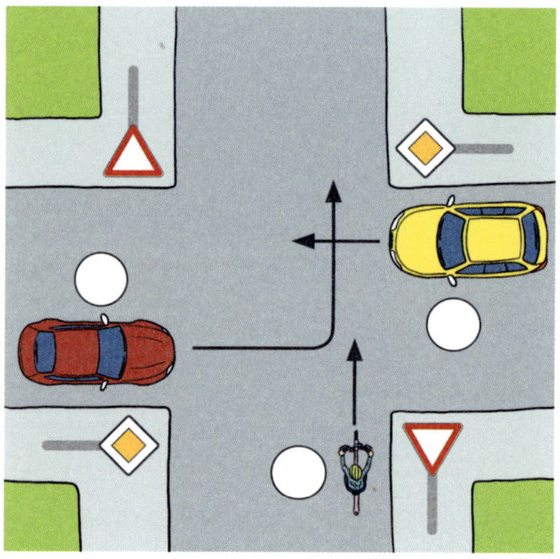

3. Wie verläuft die Vorfahrtsstraße an dieser Kreuzung? Zeichne sie gelb ein.

Vorfahrtsstraßen verlaufen nicht immer gerade. Manchmal führen sie nach links oder rechts (abknickende Vorfahrt). Der dicke Balken auf dem Zusatzschild sowie die Fahrbahnmarkierung zeigen dir den Verlauf.

4. Wer sieht welches Schild? Klebe die Verkehrszeichen vom Stickerbogen richtig auf. Ergänze die Markierung der Vorfahrtsstraße auf der Fahrbahn.

Suche die Vorfahrtsstraße und male das Schild an.

So geht's bei Ampel und Polizist

1. Male die Ampeln richtig an: grün – gelb – rot – rot und gelb. Wo kein Lichtzeichen leuchtet, male schwarz.

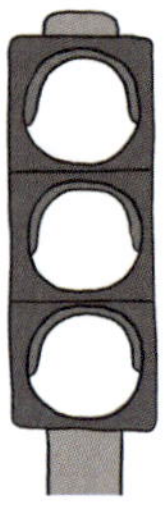

Ich mache mich bereit zum Weiterfahren. Die Ampel wird gleich grün.

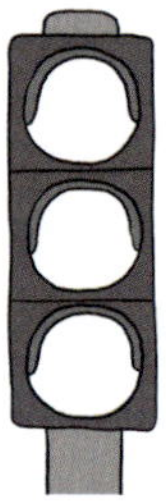

Ich darf fahren.

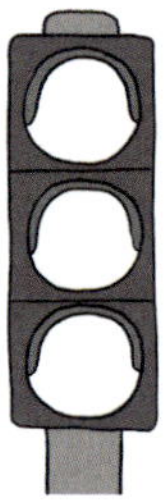

Gleich wird die Ampel rot. Ich bleibe vor der Kreuzung stehen.

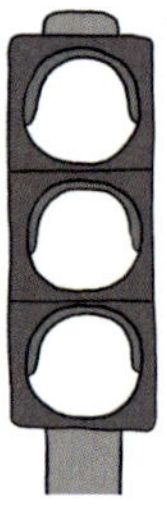

Ich muss warten.

2. Klebe die Verkehrspolizisten vom Stickerbogen oben passend zu den Ampeln.

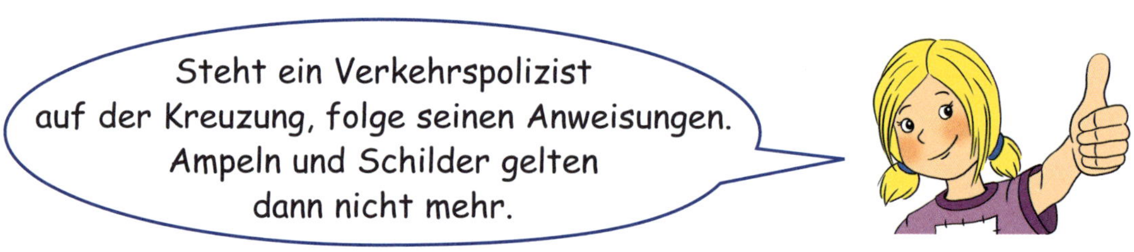

3. **Wer darf fahren? Male grün an.**
   Wer muss warten? Male rot an.

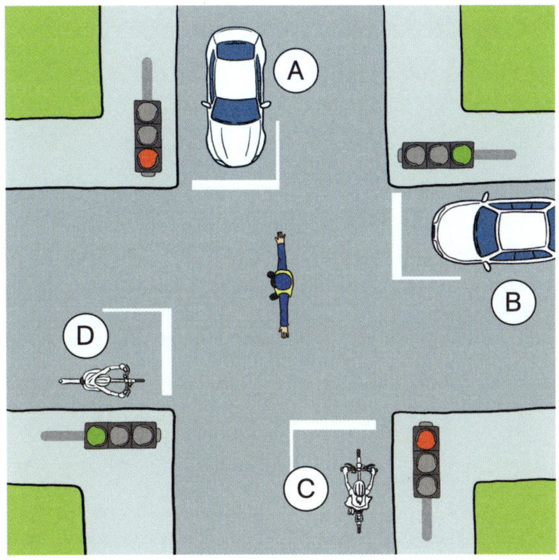

4. **Auf dem Bild oben regelt ein Polizist den Verkehr. Wie sehen die einzelnen Verkehrsteilnehmer ihn? Verbinde.**

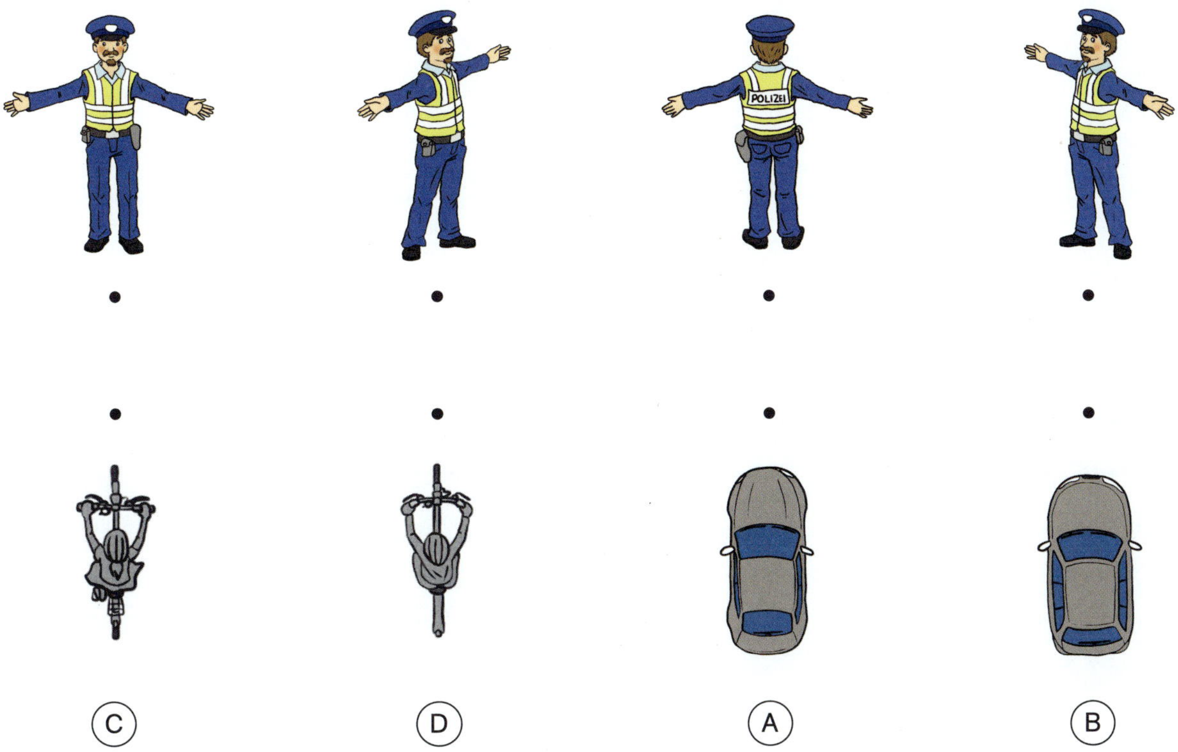

Suche den Verkehrspolizisten und male ihn an.

Vorfahrt – und hier?

1. Der Radfahrer möchte von Punkt A zu Punkt B. Zeichne seinen Weg durch den Kreisverkehr ein.

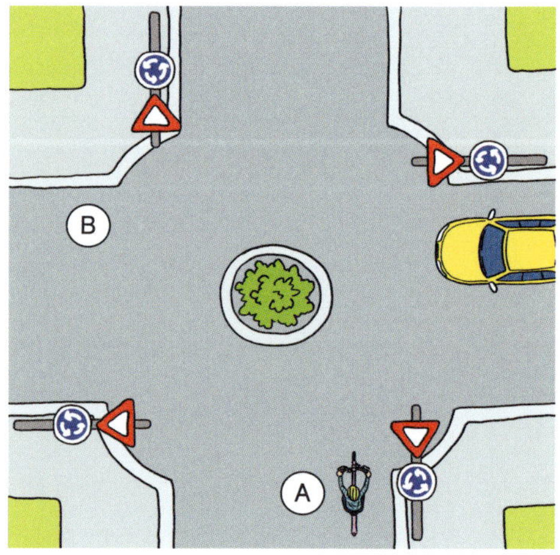

2. Stelle dir vor, du bist der Radfahrer. Kreuze die richtigen Aussagen an.

- ☐ Ich fahre zuerst.
- ☐ Das Auto darf zuerst fahren.
- ☐ Ich muss zum Einfahren ein Handzeichen geben.
- ☐ Ich muss beim Verlassen des Kreisverkehrs ein Handzeichen geben.

3. Wer hat Vorfahrt? Male die Kreise grün an. Wer muss warten? Male rot.

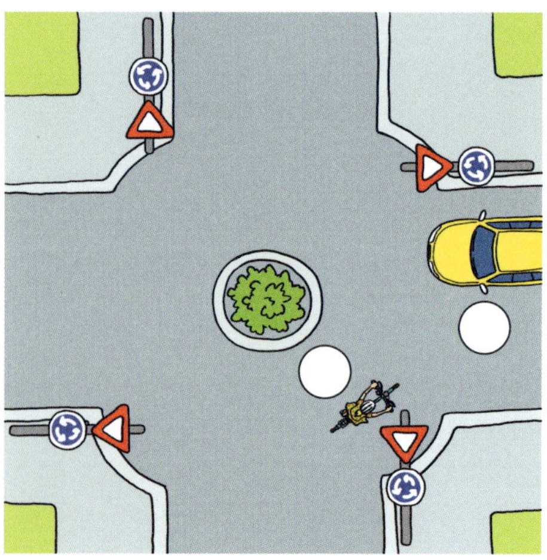

4. Auch an Baustellen ist die Vorfahrt geregelt. Welches Schild sieht Mio? Male an.

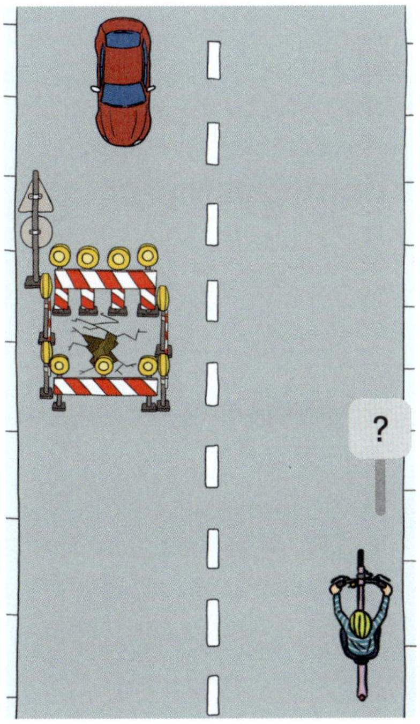

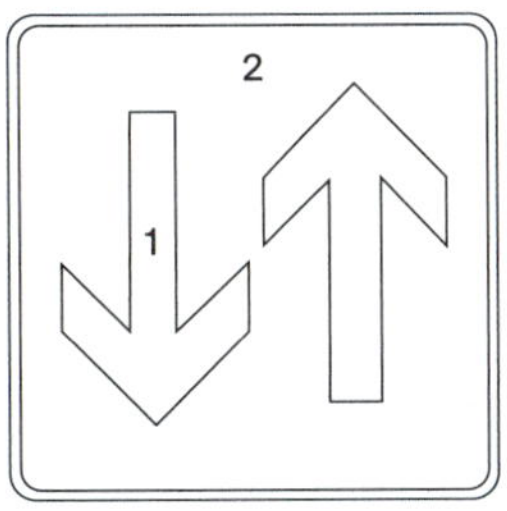

1 = rot
2 = blau

Die Gegenfahrbahn ist blockiert. Das Auto muss warten. Mio hat Vorrang vor dem Gegenverkehr.

5. Klebe das Warnkreuz auf, das immer an einem Bahnübergang steht. Manchmal gibt es noch Schranken oder Ampeln. Kreuze richtige Aussagen an.

- ☐ Wenn sich eine Schranke senkt, muss man davor anhalten.
- ☐ Hier ist eine Haltestelle für Krankenwagen.

- ☐ Man muss hier warten, bis der Zug durchgefahren ist.
- ☐ Wenn über dem Andreaskreuz eine Ampel rot aufleuchtet, muss man stehen bleiben.

Suche den Kreisverkehr. Trage den Weg des Radfahrers zu Freds Fahrradladen ein.

Links abbiegen

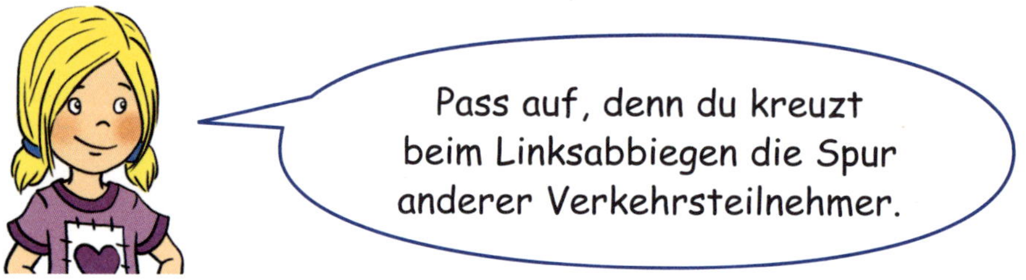

1. Wie biegst du links ab? Schreibe ganze Sätze. Die Satzteile helfen dir.

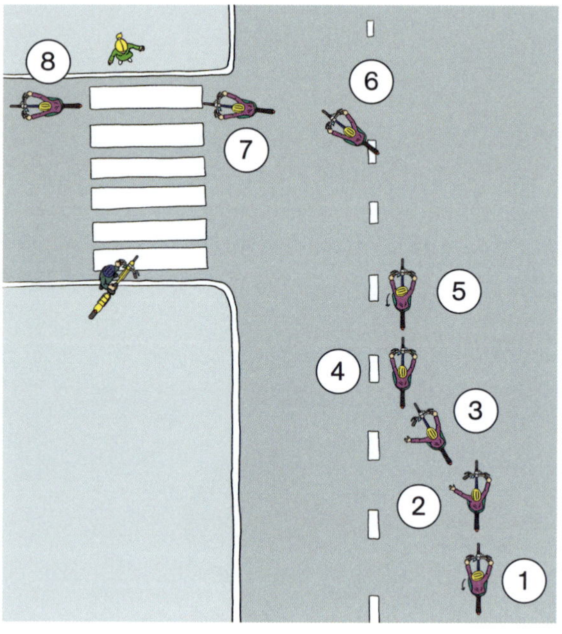

zur Fahrbahnmitte einordnen

Handzeichen nach links geben

in großem Bogen links abbiegen

~~sich nach links hinten umblicken~~

auf Fußgänger achten

am rechten Fahrbahnrand weiterfahren

Gegenverkehr vorbeilassen

sich noch einmal nach links hinten umsehen

(1) Ich *blicke mich nach links hinten um.*

( ) Ich ______________________________.

( ) Ich ______________________________.

( ) Ich ______________________________.

( ) Ich ______________________________.

( ) Ich ______________________________.

( ) Ich ______________________________.

( ) Ich ______________________________.

Suche den Radfahrer, der sich beim Linksabbiegen in Gefahr begibt. Male ihn rot an.

An stark befahrenen Kreuzungen ist es sicherer, wenn du absteigst und die Straße wie ein Fußgänger überquerst.

Mila und Mio fahren: ————— Mila und Mio schieben: - - - - - - - - -

2. Mila möchte links abbiegen. Nummeriere die Sätze. Trage dann den Weg des sicheren Abbiegens grün ein.

- ◯ Mila stellt ihr Rad an den Fahrbahnrand. Sie achtet auf den Verkehr.
- ◯ Mila sieht sich um, gibt ein Handzeichen und fährt am Bordstein los.
- ◯ Mila hält am Fahrbahnrand an und steigt ab.
- ◯ Mila überquert die Straße wie ein Fußgänger. Dabei schiebt sie ihr Rad.
- ◯ Mila nähert sich der Einmündung.

3. Mila und Mio biegen sicher links ab. Zeichne ihre Wege ein.

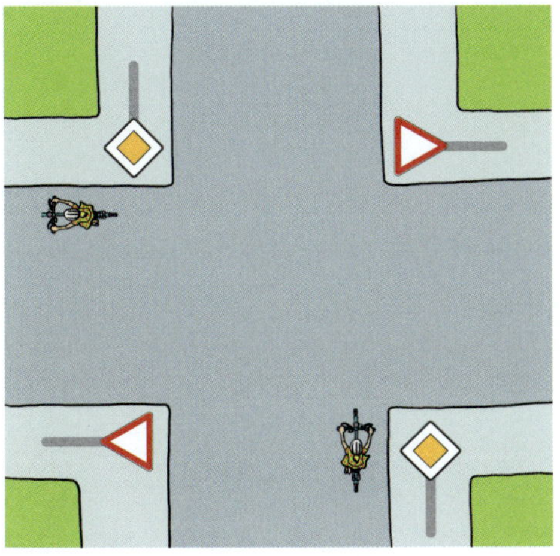

Mila fährt über die Kreuzung und steigt an der Ecke ab. Sie schiebt ihr Rad nach links über die Straße.

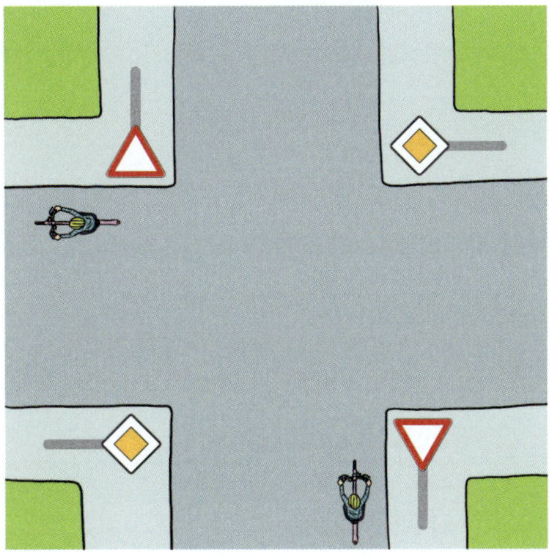

Mio hält vor der Kreuzung. Er stellt sein Rad auf den Gehweg und überquert beide Straßen zu Fuß.

Links abbiegen – so klappt's sicher!

1. An Ampelkreuzungen herrscht oft viel Verkehr. Wie kann Mila nach links abbiegen? Zeichne verschiedene Möglichkeiten ein.

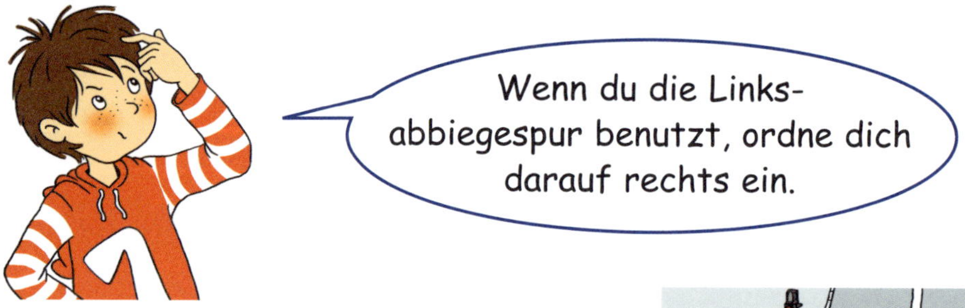

sichere Wege: - - - - - - - - ————————

Weg des direkten Abbiegens: ————————

2. Beachte die vier Gefahrenpunkte beim direkten Linksabbiegen. Vervollständige die Merksätze.

1. Du musst dich zum Linksabbiegen einordnen.
   Achte auf den ______________________

2. Du willst links abbiegen.
   Achte auf den ______________________

3. Du biegst links ab.
   Achte darauf, die ______________________

4. Du fährst in die neue Straße hinein.
   Achte auf ______________________

richtige Spur zu halten!

querende Fußgänger!

Gegenverkehr!

Verkehr hinter dir!

Wenn du aus einer Einbahnstraße links abbiegen willst, ordne dich etwas links von der Straßenmitte ein. So kann der nachfolgende Verkehr rechts abbiegen.

3. Welcher Radfahrer hat sich richtig eingeordnet?

Zum Rechtsabbiegen: Male ihn blau an und zeichne seinen Fahrweg ein.

Zum Linksabbiegen: Male ihn gelb an und zeichne seinen Fahrweg ein.

4. Klebe vom Stickerbogen das Schild mit Zusatzzeichen auf. Kreise dann alle richtigen Aussagen ein und streiche die falschen durch.

Hier gibt es eine Sonderregelung für Radfahrer.

Der Radfahrer darf nicht in die Einbahnstraße fahren.

Das Motorrad darf nicht in diese Richtung fahren.

Der Radfahrer darf in die Einbahnstraße fahren.

Das Auto darf nicht in diese Richtung fahren.

Suche den Radfahrer, der falsch in die Einbahnstraße eingefahren ist. Male ihn rot an.

Durch den Großstadtdschungel

Mila und Mio fahren mit dem Rad zum Badesee. Zeichne den Weg dorthin ein. Achte auf die Verkehrszeichen. Umgehe rote Ampeln.

Suche das Verkehrszeichen „Vorgeschriebene Fahrtrichtung – geradeaus oder rechts“ und male es richtig an.